1 | Markt

Der Stadtrundgang durch Goslar beginnt am mehrfarbig gepflasterten Marktplatz, auf dem der Marktbrunnen thront. Seine untere Schale aus Bronzeguss ist bereits im 12. Jahrhundert entstanden. Bekrönt wird der Brunnen vom vergoldeten Reichsadler, der zwar das Wahrzeichen Goslars ist, in seiner Ausprägung aber kurios und wenig majestätisch wirkt. Es handelt sich hier um eine Nachbildung, das Original befindet sich im Goslarer Museum. Die Verwendung des kaiserlichen Tieres als Stadtwappen weist auf die Stellung Goslars als reichsunmittelbare Freie Reichsstadt hin. Das bedeutet, dass es außer dem Kaiser bzw. König keinen übergeordneten Herren gab. Da die reale Bedeutung der Zentralmacht bereits im hohen Mittelalter stark an Bedeutung verlor, u. a. durch den Investiturstreit des in Goslar geborenen Heinrich IV. mit Papst Gregor VII., profitierte die de facto freie Stadt von diesem Status. Gekonnt nutzte sie ihn über zwei Jahrhunderte, u. a. bei der eigenständigen Ausbeutung der Bergwerke. Auch in den Machtkämpfen und Kriegen der Frühen Neuzeit blieb Goslar unabhängig. Nach dem Ende des Heiligen Römischen Reiches im Jahr 1806 fiel Goslar an das Kö-

Adlerfigur auf dem Marktbrunnen

Heinrich IV.

1050–1106, Römisch-deutscher Kaiser. Der Thronfolger des Kaiserpaares Heinrich III. und Agnes wurde in Goslar mit dem Namen Konrad geboren, dann aber als Heinrich getauft. Nach dem Tod des Vaters wurde er mit sechs Jahren König, Agnes führte die Regierungsgeschäfte. Mit der Volljährigkeit bemühte sich Heinrich wie schon sein Vater, die Zentralmacht gegenüber den Fürsten zu stärken. Im Investiturstreit exkommunizierte 1076 Papst Gregor VII. den Kaiser. Im berühmten Gang nach Canossa tat Heinrich Buße und erreichte eine Aufhebung der Strafe. 1105 wurde er von seinem Sohn Heinrich V. gestürzt.

nigreich Westfalen bzw. nach dem Wiener Kongress 1815 an das Königreich Hannover. Ab 1866 stand Goslar unter preußischer Herrschaft.

Das verschieferte Bauwerk an der Ostseite des Marktplatzes war einst die Kämmerei der Stadt, im späten 19. Jahrhundert auch das Amtsgericht. Das heutige Gebäude, das als Hotel und Restaurant mit dem bezeichnenden Namen »Schiefer« einlädt, wurde 1782 im frühklassizistischen Stil anstelle eines Vorgängerbaus errichtet, die Keller stammen aber aus dem 13. Jahrhundert. Am Giebel erkennt man die 19 Bronzeglocken des figürlichen Glockenspiels. Viermal täglich, um 9, 12, 15 und 18 Uhr, können die Schaulustigen die Geschichte des Bergbaus miterleben. Gestiftet wurde das Glockenspiel 1968 anlässlich der Tausendjahrfeier des Hüttenwesens in der Stadt.

2 | Kaiserworth

Unter den erhaltenen Goslarer Gildehäusern ist die Kaiserworth, das Gildehaus der Gewandschneider und Fernhändler, das bedeutendste. Das korrespondiert mit dem politischen Gewicht dieser Gilde. »Worth« steht im Niederdeutschen für ein erhöhtes, hochwassergeschütztes

Grundstück, verwandt mit dem Wort Werder. Der Name Kaiserworth bezieht sich auf die barocken Kaiserfiguren, die ab dem 19. Jahrhundert die Worth verbal zur Kaiserworth »aufgewertet« haben.

Auf den Grundmauern eines ersten Gildehauses von 1274 wurde das neue 1484 errichtet. Ungewöhnlich ist für diese Zeit, als in Deutschland noch die Gotik dominierte, die Diamantquaderung des Putzes. Vermutlich haben Fernkaufleute diese Gestaltungsidee der Renaissance aus Italien mitgebracht. Die Arkaden im Erdgeschoss dienten als Verkaufsstände. Die Mitte des Gebäudes wird durch einen runden Erker, der im Dachbereich als Zwerchhaus fortgesetzt wird, betont. Das Obergeschoss

Dukatenmännchen

zieren mehrere figürliche Plastiken. Aus der Erbauungszeit stammen davon ein Herkules und die Abundantia. Diese Göttin des Überflusses, zu erkennen am Füllhorn, symbolisiert den Reichtum und das Selbstbewusstsein der mächtigen Gilde. Unter der Göttin ist die drastische Figur des sogenannten Dukatenmännchens zu sehen. Die hölzernen Kaiserfiguren, entstanden 1684 für ein anderes Bauwerk, fanden 1820 ihre jetzigen Standorte in den Nischen. Zuvor befanden sich an ihrer Stelle wahrscheinlich mythologische Gestalten. Seit 1831 ist die Worth Gasthaus und Hotel.

3 | Rathaus

Tourist Information/Welterbe-Infozentrum
täglich 10–17 Uhr

Das gotische Bauwerk, die Westseite des Marktes ein-
nehmend, entstand in der Blütezeit der Stadt und zeugt
von ihrem Reichtum und Selbstbewusstsein. Als ältester
erhaltener Teil – von den Vorgängerbauten existieren
nur noch Fundamente – wurde der Teil am Markt Mitte
des 15. Jahrhunderts gebaut. Die spitzbogigen Lauben
überdachten ursprünglich eine Kaufhalle. Die Maßwerkfenster mit farbiger Verglasung im Obergeschoss
stammen von einer Restaurierung von 1896. Zuvor waren es Fenster mit flachen Bögen, deren Reihung durch
die Türstelle unterbrochen wurde. Wo die Arkaden
durch ein Maßwerkfenster unterbrochen werden, befand sich ursprünglich der Kellereingang, daneben der
Pranger. Zwischen die sechs Zwerchgiebel vor dem hohen Dach ist eine Maßwerkbalustrade gespannt.

Die Seitenflügel und den zur Marktkirche gelegenen
Ratsstubenbau errichtete man 1498–1506. An die Südseite wurde 1537 die Ratslaube mit dem Treppenaufgang angebaut. 1560 kam ein Steinbau mit Fachwerkgiebel an der
Nordseite hinzu, im 19. Jahrhundert ein weiterer Flügel.

Huldigungssaal

Der historische Ratssaal hinter den Maßwerkfenstern am Markt, die sogenannte Diele, ist ein großer stützenfreier Raum, dessen Holzdecke mit vergoldeten Sternen sowie Leuchtern aus Hirschgeweihen geschmückt ist. Noch beeindruckender ist der um 1500 entstandene Huldigungssaal. Seine Wände, Fensternischen und die Decke sind vollständig mit Tafelgemälden ausgekleidet und teilweise mit gotischem Schnitzwerk überzogen. Dargestellt sind die Verkündigung und Szenen aus dem Leben Jesu, Evangelisten und Propheten sowie Kaiser und Sibyllen. Der unbekannte Schöpfer wird deshalb auch als Meister der Goslarer Sibyllen bezeichnet. Eine kleine, 1506 der Heiligen Dreieinigkeit geweihte Kapelle schließt sich an. Da die wertvolle Ausstattung des Huldigungssaales unter den Besucherströmen gelitten hat, kann man ihn heute nur noch durch eine verglaste Nische betrachten. Eine multimediale Ausstellung zum Huldigungssaal wird voraussichtlich im Herbst 2023 eröffnet werden.

Nach jahrelanger Sanierung ist das Rathaus seit 2022 wieder geöffnet. Es beherbergt die Tourist-Information und ein Welterbe-Infozentrum im ehemaligen Ratskeller. Herzstück ist ein 3D-Landschaftsmodell mit Videoprojektion, die den Veränderungsprozess der 3000 Jahre alten Kulturlandschaft im Westharz verdeutlicht. Im Gebäudekomplex findet man Spuren vom 11. bis 21. Jahrhundert.

Der **Sachsenkrieg** war eine der vielen mittelalterlichen Auseinandersetzungen zwischen der Zentralgewalt und den Territorialherrschern, in diesem Fall zwischen dem Salier Heinrich IV., den sächsischen Fürsten und den sogenannten Reichsfürsten. Anlass war der Machtausbau Heinrichs in der Harzregion. Der Konflikt begann im Juli 1073 vor der Kaiserpfalz Goslar, als der König Verhandlungen mit den Fürsten verweigerte. Der Krieg zog sich mit wechselnden Koalitionen zwei Jahre hin und endete mit der Schlacht bei Homburg in Thüringen und der Kapitulation der Sachsen.

Fachwerk

Die im Mittelalter in West- und Mitteleuropa entwickelte Holzbauweise unterscheidet sich von ost- und nordeuropäischen Block- und Stabbauweisen dadurch, dass nur der Rahmen des Hauses als Holzkonstruktion errichtet wird, normalerweise ohne metallische Verbindungen. Die Zwischenräume werden »ausgefacht«, in Norddeutschland meist mit Backstein, ansonsten mit einem Gemisch aus Stroh, Lehm und anderen Stoffen. Im ländlichen Raum dominierte Fachwerk bis ins 19. Jahrhundert hinein, in Städten wurde es wegen der Brandgefahr schon eher von Steinhäusern verdrängt.

4 | Schuhhof

Nördlich des Rathauses zweigt der Schuhhof vom Markt ab. So wie bei der Bäckerstraße oder dem Fleischscharren wird auch hier aus dem Namen die frühere wirtschaftliche Funktion des Platzes ablesbar: es war der Ort für den Schuhverkauf. Ursprünglich hatte sich an dieser Stelle der allgemeine Marktplatz befunden, bevor dieser etwas weiter nach Südosten verlegt wurde. Der Schuhhof zeigt ein beeindruckend geschlossenes Ensemble historischer Bauwerke. In der Struktur seiner Bebauung ist noch heute die Herkunft aus den Marktständen erkennbar. Manche Fachwerkhäuser kragen in den Obergeschossen aus, um bei begrenzter Grundfläche mehr Raum zu gewinnen. Auf der rechten Seite des Platzes steht der Nachfolgebau des alten, bei einem Stadtbrand 1780 zerstörten Gildehauses der Schuhmacher. Unter seinen hölzernen Arkaden laden heute Restaurants zum Verweilen ein. An der Stirnseite des Schuhhofes befand sich bis 2021 die spätbarocke Hirsch-Apotheke. Sie wurde 1780 als Kräuter- und Drogenhandlung errichtet. Im Inneren hat sich das komplette Interieur im Stil des Biedermeier erhalten.

Im Advent verwandelt sich der Schuhhof zum Weihnachtswald, einem besonderen Teil des berühmten Goslarer Weihnachtsmarktes. 50 Harzer Fichten, romantisch beleuchtet und umgeben von duftendem Waldboden, sorgen bis Ende Dezember für eine heimelige Stimmung.

In unmittelbarer Nachbarschaft steht neben der engen Münzstraße, in der sich die Obergeschosse der Häuser fast berühren, ein imposantes Fachwerkgebäude von 1526. Es beherbergte bis 2017 für fast einhundert Jahre die Stadtbibliothek. Das zweite und dritte Obergeschoss kragen nicht nur aus, sondern bilden auch einen abgewinkelten Erker. An den Vorhangbogenfenstern im Erdgeschoss ist noch der Einfluss der Spätgotik erkennbar. Das Portal und die Balken darüber sind mit figürlicher und farbig gefasster Schnitzerei verziert. Unmittelbar darüber setzen die drei sogenannten hölzernen Bügen an, die den fünfeckigen Erker stützen. Das ehemalige Patrizierhaus besitzt im hinteren Teil eine steinerne Kemenate, die bereits 1517 erbaut wurde.

An den
Lehmstedt Verlag
Hainstraße 1
D–04109 Leipzig

Vorname und Name

Straße und Hausnummer

PLZ und Ort

E-Mail-Adresse

Datum und Unterschrift

Liebe Leserinnen und Leser,
vielen Dank, dass Sie sich für einen Lehmstedt Reiseführer entschieden haben. Wir freuen uns, Ihre Meinung zu erfahren. Bitte schreiben Sie uns, wenn Sie Anregungen, Empfehlungen oder Berichtigungen haben. Gut verwertbare Informationen belohnen wir mit einem kostenfreien Lehmstedt Stadtführer Ihrer Wahl! Vielen Dank!

Ich habe diese Karte folgendem Reiseführer entnommen:

_____

☐ Bitte senden Sie mir regelmäßig kostenfrei und unverbindlich die Kataloge Ihrer Neuerscheinungen zu.

Ich möchte gern folgende Bücher aus Ihrem Verlagsprogramm bestellen und bitte um Lieferung gegen Rechnung an die umseitig genannte Adresse.

Anzahl	Autor, Titel

Ab einem Bestellwert von 20 € ist die Lieferung innerhalb Deutschlands versandkostenfrei.

info@lehmstedt.de

Unsere Datenschutzerklärung finden Sie unter www.lehmstedt.de.

5 | Bäckergildehaus

Gegenüber der Marktkirche steht ein weiteres imposantes Gildehaus der Goslarer Gewerke – das Bäckergildehaus. Das an der Giebelseite befindliche Wappen der Bäcker trägt die Jahreszahl 1501. Eine andere Inschrift weist darauf hin, dass das große Bauwerk erst 1557 das in Fachwerk ausgeführte Speichergeschoss aufgesetzt bekam. Das Wappenschild zeigt den Reichsadler, ergänzt durch Brezel, Lebkuchen und dreizipfeliges Timpenbrot. In den leicht vertieften Gewölben des Untergeschosses fand einst der Brotverkauf statt. Darüber befindet sich die erhaltene Halle, die Beratungen und repräsentativen Anlässen der Gilde diente. Ganz oben wurde das Getreide gelagert. Zur Marktkirche hin ziert das Bauwerk ein schöner Erker mit vier Vorhangbogenfenstern, der von hölzernen Streben gestützt wird. Im 19. Jahrhundert befand sich das Gildehaus in Privatbesitz und diente als Gaststätte. Nach einer sorgfältigen Sanierung ist es heute Sitz der Industrie- und Handelskammer und des Harzer Tourismusverbandes.

6 | Brusttuch

Links neben dem Bäckergildehaus steht an einer spitzwinkligen Straßenabzweigung das Brusttuch genannte Gebäude. Der eigenartige Name leitet sich möglicherweise vom dreieckigen Grundriss ab. An der westlichen Fassade kann man lesen, dass sich das Haus 1521–1526 Magister Johannes Thiling errichten ließ, Angehöriger einer u. a. durch Bergbau wohlhabend gewordenen Patrizierfamilie. Er stand als Syndikus, also Rechtsbeistand, in städtischen Diensten und war mit der Tochter des Bürgermeisters Wegener verheiratet.

Das gemauerte Untergeschoss hat rechts im Bereich der hohen Fenster auch innen noch die ursprüngliche Höhe bis unter den Fachwerkspeicher. Diese hohe Däle (Diele) mit den spätgotisch gestalteten Fenstern diente auch repräsentativen Zwecken. Der linke Teil beherbergte unten die Küche und darüber einen beheizbaren Wohnraum. Das obere Speichergeschoss ist einschließlich des an der Schmalseite asymmetrisch angeordneten

Oben: Brusttuch
Links: Bäckergildehaus

9

Erkers in Fachwerk ausgeführt. Das Dach ist ungewöhnlich hoch und spitz.

Die Schnitzereien an den Balken des Fachwerks lassen sich wie ein Bilderbuch lesen. In Motiven der antiken Mythologie sowie der Astrologie kommt die humanistische Bildung des Bauherrn zum Ausdruck. Volkstümlicher Natur hingegen ist die Figur der Butterhanne am Hohen Weg. Diese Magd zeigt einem Herrn als Zeichen ihrer Ablehnung den nackten Hintern, während sie mit der linken Hand weiter Butter stampft. Das Gebäude verfiel im Laufe der Zeit und wurde 1860 Armenhaus der Stadt. 1871 kaufte es ein Bauunternehmer und ließ es für gastronomische Zwecke sanieren. Heute ist das Brusttuch ein Hotel.

7 | Marktkirche

10–17 Uhr, Turmaufstieg möglich

Die den Heiligen Cosmas und Damian gewidmete Marktkirche wurde 1151 erstmals urkundlich erwähnt, die Kirchgemeinde bereits 1108. In der Baukonzeption folgte sie dem im 19. Jahrhundert abgebrochenen »Dom« im Pfalzbezirk. An die romanische Entstehungszeit erinnern noch bauliche Details wie Rundbogenfriese und das massive Westwerk. Aus diesem erheben sich die beiden Türme mit unterschiedlichem Abschluss. Während der Südturm eine spitze Haube trägt, wurde die in Renaissanceformen gehaltene Laterne des Nordturmes erst 1573 nach einem Brand aufgesetzt. Von der Plattform dieses Turmes, über 232 Stufen zu erklimmen, hat man den schönsten Blick über die Stadt, und man kann das mechanische Uhrwerk besichtigen. Zwischen die beiden Türme ist das Glockenhaus der Kirche mit den dreigeteilten Arkaden als Schallöffnungen eingefügt.

Die ursprünglich dreischiffige Basilika wurde im späten Mittelalter um zwei Schiffe erweitert, die sich in der äußeren Erscheinung nicht abzeichnen. Die flache Decke wurde zu Beginn des 13. Jahrhunderts eingewölbt. Je drei Halbsäulen in jedem zweiten Joch tragen die Gurtbögen bzw. die Auflagen der Kreuzgratgewölbe. An den fast angeschnittenen Obergadenfenstern erkennt man, dass

Hanse

Goslar war im Mittelalter Mitglied der Hanse, für 1267 ist dies erstmals urkundlich belegt. Zu dieser Zeit hatte sich die Organisation bereits von einem Kaufmanns- zu einem Städtebund entwickelt, dem weitaus bedeutendsten derartigen Zusammenschluss. Ein genaues Gründungsdatum ist nicht nachweisbar. Hauptanliegen war der freie Handel im Nord- und Ostseeraum bis hin nach Riga und Nowgorod. Doch auch Städte im Binnenland, darunter Köln, gehörten der Hanse an. In der Neuzeit sank ihre Bedeutung, 1669 fand der letzte Hansetag statt.

diese Einwölbung nachträglich erfolgte. Die Halbsäulen erhielten ihre Farbigkeit in Rot und Dunkelgrau bei der Umgestaltung des Innenraumes 1997–2000 nach Vorbildern der Erbauungszeit. Von der einstigen Ausmalung haben sich nur im südlichen Querschiff Relikte erhalten. Der mit Rippengewölbe überspannte gotische Chor ist eine Ergänzung des späten 13. Jahrhunderts. Die farbige Gestaltung der Maßwerkfenster nach Entwürfen Johannes Schreiters ist jüngeren Datums. Neun Fenster aus dem 13. Jahrhundert sind hingegen im nördlichen Querschiff ausgestellt. Zu den wertvollen Ausstattungsobjekten der Kirche gehört der Hochaltar. Er wurde von der Familie Holtzmann gestiftet und 1659 von Andreas Gröber aus Osterode geschnitzt. Das bronzene Taufbecken schuf 1573 Magnus Karsten. Die Kanzel von Hans Seek wurde 1581 aufgestellt und zeigt in den Relieftafeln biblische Motive.

Taufbecken
der Marktkirche

An der Südseite der Marktkirche erstreckt sich der belebte Marktkirchhof. Das nahe der Ratslaube stehende Kunstobjekt »Goslarer Nagelkopf« wurde 1981 von Rainer Kriester aus Bronze geschaffen. Zu den imposanten Fachwerkhäusern am kleinen Platz gehört das Wirtshaus »Die Butterhanne«, dessen Name sich auf die populäre Figur am Brusttuch-Haus bezieht. Das im frühen 16. Jahrhundert errichtete Gebäude war einst das Gildehaus der Filzhutmacher. Heute kann man hier Sudhaus und Keller der kleinen Privatbrauerei besichtigen und an Bierseminaren teilnehmen.

8 | Großes Heiliges Kreuz

Mi – Sa 11 – 17 Uhr

Vom Marktkirchhof geht man südwärts den Hohen Weg entlang und sieht zur Rechten das ehemalige Spital Großes Heiliges Kreuz. Gegründet 1254 durch den Vogt Dietrich von Sulinghen, wurde es später von der Stadt übernommen. Es war kein Krankenhaus im heutigen Verständnis, sondern ein Wohnsitz für alte und gebrechliche Bürger, die sich den Platz im Spital erkaufen konnten. Wegen des großen Bedarfs wurde die Bettenzahl von ursprünglich 24 im Jahr 1537 fast verdoppelt.

In den ersten Bau wurde die vorhandene Kemenate eines Patrizierhauses einbezogen. Das spitzbogige, mehrfach gestaffelte Portal an dem von einem Dachreiter überragten Gebäudeteil nahe der Königsbrücke, die über das Flüsschen Abzucht führt, ist typisch für die Bauzeit in der frühen Gotik. Trotz mehrerer Umbauten, zuletzt 1669, ist das mittelalterliche Erscheinungsbild des Komplexes weitgehend bewahrt geblieben. Kern der Anlage ist die gepflasterte Däle, also der große ebenerdige Saal. An seinen Wänden sind noch die Nischen für die Privatsachen der Bewohner zu sehen. Bis ins 17. Jahrhundert waren hier Frauen und Männer gemeinsam untergebracht. Eine überlieferte Hausordnung gibt Auskunft über die strengen Regeln des Zusammenlebens unter Aufsicht eines Hausmeisterpaares.

Im 16. Jahrhundert wurde das Große Heilige Kreuz nach Westen um einen Anbau erweitert, in den 1823 nach Abbruch eines Hospitals am ehemaligen Franziskanerkloster dessen letzte Insassen einzogen. Sie brachten den Namen »Brüdernkloster« für diesen Anbau mit. Heute haben im sanierten Komplex vor allem Kunsthandwerker ihre Ateliers und Geschäfte. Das Paar aus Beton, das als Sessel benutzt werden kann, trägt den Titel »Freut euch des Lebens«.

Großes Heiliges Kreuz

9 | Domvorhalle

Wo der Hohe Weg auf den Kaiserbleek trifft, sieht man auf der gegenüberliegenden Seite die Domvorhalle, die schon zum Areal der Pfalz gehört. Der sogenannte Dom war eigentlich eine Stiftskirche. Als große dreischiffige Basilika wurde St. Simon und Judas vor 1050 errichtet und war im Mittelalter Vorbild für andere Kirchenbauten der Stadt. Das ruinöse Bauwerk wurde 1819 privatisiert und bis 1822 abgerissen. Lediglich eine um 1200 angefügte Vorhalle blieb verschont. In den zwei Reihen der Nischen unter dem großen Rundbogen befinden sich sechs Plastiken, zwei weitere Nischen sind ausgemalt. Oben steht die Gottesmutter, darunter befinden sich die Patrone Simon, Judas Thaddäus und Matthias sowie zwei Kaiser mit Architekturmodellen in der Hand. Durch eine Glaswand kann man ins Innere blicken. Wichtigstes Ausstattungsstück ist eine Kopie des Thronsessels, auf dem im Mittelalter die in der Pfalz weilenden Kaiser Platz nahmen sowie 1871 Kaiser Wilhelm I. (Original im Museum in der Kaiserpfalz). Seit Jahren läuft die Projektentwicklung für das Pfalzquartier; auf dem bisherigen Parkplatz soll ein multifunktionaler Neubau entstehen.

Wilhelm I.
1797–1888, deutscher Kaiser. Wegen der Niederschlagung der Revolution 1848/49 war Wilhelm zunächst als »Kartätschenprinz« bekannt. Doch mit dem Amtsantritt als König von Preußen 1858 leitete er eine vorsichtige Liberalisierung ein. Der Krönung zum Kaiser des neu gegründeten Deutschen Reiches während des Deutsch-Französischen Krieges 1870/71 widersetzte er sich zunächst, nahm sie aber dann doch an. Wilhelms Regierungspolitik wurde wesentlich durch seinen Kanzler Otto von Bismarck geprägt.

Di–So 10–17 Uhr

Heinrich III.

1016–1056, Römisch-deutscher Kaiser. Von seinem Vater, dem ersten salischen Kaiser Konrad II., wurde Heinrich schon früh zum Nachfolger bestimmt und mit den Herzogtümern Bayern und Schwaben belehnt. 1035 heiratete er die dänische Prinzessin Gunhild, nach ihrem Tod Agnes von Aquitanien. 1039 starb Konrad, Heinrich wurde sein Nachfolger auf dem Königsthron. 1046 wurde Heinrich von Papst Clemens II. zum Kaiser des Heiligen Römischen Reiches gekrönt. Ab 1047 förderte Heinrich Goslar zum Nachteil Speyers, gründete das Stift und verlieh Privilegien. Der Kaiser verstarb jung und unerwartet in Bodfeld im Harz.

Die Kaiserpfalz ist das bedeutendste weltliche Baudenkmal Goslars und von internationalem Rang. Im Mittelalter besaßen die deutschen Herrscher noch keine feste Hauptstadt, sondern waren zur Sicherung ihrer Macht stetig im Heiligen Römischen Reich Deutscher Nation unterwegs. Aufgrund der strategisch günstigen Lage und der ökonomischen Bedeutung des Bergbaus wurde Goslar zu einem bevorzugten Aufenthaltsort der Kaiser und Könige. Hier fanden mehrere Reichstage und andere wichtige politische Ereignisse statt. Auch wenn die mittelalterliche Pfalz nur noch in Teilen erhalten ist, beeindruckt die Anlage bis heute.

Nach einem ersten Bau unter Kaiser Heinrich II. zwischen 1005 und 1015 ließ Kaiser Heinrich III. aus dem Geschlecht der Salier die Anlage zwischen 1040 und 1050 neu errichten. Die neue Pfalz und die kaiserliche Stiftskirche St. Simon und Judas, der sogenannte Dom, entstanden fast zeitgleich. Mit den für diese Zeit beeindruckenden Maßen von 47 mal 15 Metern Grundfläche war der große Saal Zentrum des romanischen Bauwerkes, der den Hof- und Gerichtstagen diente. Vom großen Saal konnte man direkt auf den Altan treten. Im Inneren befand sich der Thron des Herrschers. Zu beiden Seiten des herausgehobenen Mitteltraktes sind je drei große, dreifach unterteilte rundbogige Arkaden angeordnet. Der sich nach Norden anschließende Wohnbau ist in der heutigen Erscheinung ein Resultat der Restaurierung im 19. Jahrhundert. Vom südlichen Wohnbau haben sich nur Relikte erhalten. Das Untergeschoss, der sogenannte Wintersaal mit kleineren verschließbaren Fenstern, diente Zusammenkünften in der kalten Jahreszeit.

Vom frühen 11. bis zur Mitte des 13. Jahrhunderts erfüllte die Pfalz ihre Funktion. Nach einem Brand 1289 wurde der vorherige Zustand wiederhergestellt. Im Laufe der Jahrhunderte wurde das Bauwerk u. a. als Erzlager und Kornspeicher zweckentfremdet, ein baulicher Verfall setzte ein. Viele Gebäude des ausgedehnten Komplexes, darunter der »Dom« und mehrere Nebengebäude, wurden noch im 19. Jahrhundert abgerissen. Zu dieser Zeit waren Teile des Hauptgebäudes bereits eingestürzt und nur notdürftig mit Fachwerk ausgefüllt worden. Erst im späten 19. Jahrhundert setzte eine Rückbesinnung auf die historischen Werte ein. 1866 kaufte das Land Hannover die Immobilie. 1868 begann, nunmehr unter

Hermann Wislicenus
1825–1899, Maler. Der aus Eisenach stammende Wislicenus studierte ab 1844 an der Dresdener Akademie, u. a. bei Julius Schnorr von Carolsfeld. Er hielt sich in Rom auf und wurde durch die Bewegung der Nazarener beeinflusst. Weimar und Düsseldorf, wo er eine Professur innehatte, waren weitere Lebensstationen. 1877 gewann Wislicenus den Wettbewerb für die Ausmalung des Saales in der Kaiserpfalz Goslar. Von 1879 bis 1897 war er mit diesem Werk beschäftigt, das im Sinne des Historismus die Traditionen des deutschen Kaisertums verherrlicht. Er starb in Goslar, wurde aber in Berlin begraben.

Kaisersaal

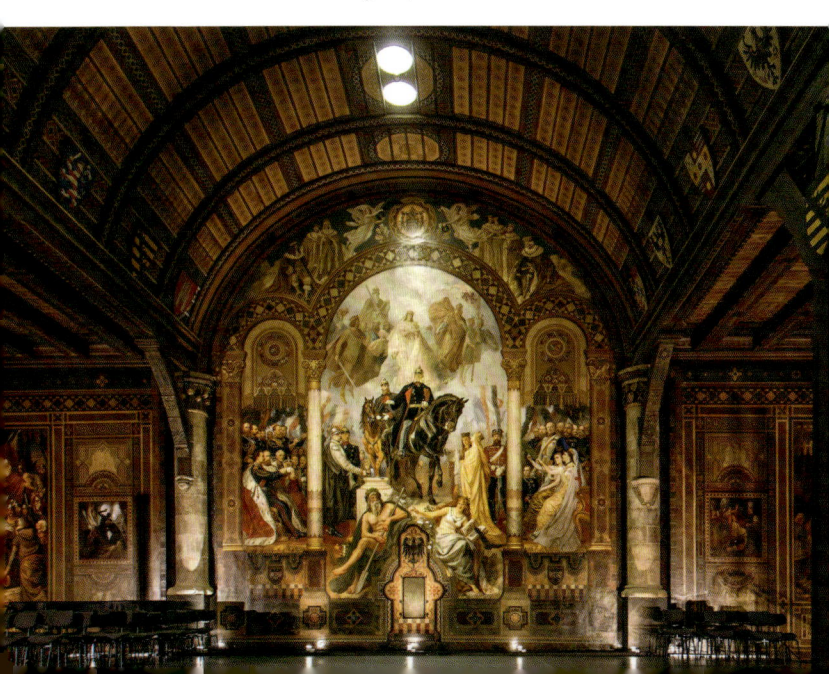

preußischer Ägide, die umfassende Wiederherstellung des einzig erhalten gebliebenen Hauptbaus (Kaiserhaus) mit der angeschlossenen Ulrichskapelle.

Ein Resultat dieser Restaurierung ist das heutige Aussehen des Kaisersaales, das mit dem mittelalterlichen Raumeindruck nicht viel zu tun hat. Die Arkaden wurden verglast, drei Wände nach Entwürfen von Hermann Wislicenus mit pathetischen und fantasievollen Historienbildern bemalt. Zumindest ein Teil der hölzernen Deckenkonstruktion stammt von 1477. Trotz dieser Veränderungen erahnt man allein durch seine Größe die beeindruckende frühere Wirkung des Saales. Im Wintersaal erfährt der Besucher anhand vieler Objekte und Schautafeln Wissenswertes nicht allein über die Pfalz, sondern auch über das Heilige Römische Reich im Mittelalter.

Über den Gang in der südlich anschließenden Erweiterung erreicht man die Ulrichskapelle. Sie entstand vermutlich um 1150 unter Friedrich I. Barbarossa. Der Zentralbau ist horizontal geteilt, wodurch der Eindruck einer Doppelkapelle entsteht. Das kreuzförmig angelegte Erdgeschoss ist tonnenförmig eingewölbt. Nach Osten schließen sich Apsiden an. Das achteckige Obergeschoss war dem Kaiser vorbehalten, von wo aus er durch die große Öffnung in der Zwischendecke am Gottesdienst teilnehmen konnte. Seit 1884 befindet sich das Herz Heinrichs III., das früher im Dom aufbewahrt wurde, in der Ulrichskapelle. Der Kaiser, der von 1039 bis 1056 das Reich regierte, ist in Speyer begraben. Er soll aber verfügt haben, dass sein Herz in Goslar bestattet werden solle.

Vor dem Kaiserhaus stehen Reiterdenkmäler für Kaiser Friedrich I., genannt Barbarossa, und Kaiser Wilhelm I., dessen Ausrufung zum Kaiser im Zusammenhang mit der Reichsgründung 1871 auch den Höhepunkt des Bildprogramms im großen Saal darstellt. Flankiert werden sie von zwei Nachbildungen des Braunschweiger Löwen.

Links vorbei an der Ulrichskapelle kommt man zum Pfalzgarten an der Rückseite der Kaiserpfalz. In dem Park mit vielfältigem Bewuchs und Resten historischer Architektur kann man sich gut von den Anstrengungen der Stadtbesichtigung erholen. Im Pfalzgarten wurde 1975 die Plastik »Goslarer Krieger« des englischen Bildhauers und Kaiserring-Trägers Henry Moore aufgestellt.

Braunschweiger Löwe

Heinrich der Löwe (1129–1195) war als Herzog von Sachsen und Bayern zunächst Verbündeter von Kaiser Barbarossa, dann sein Gegenspieler. Die Löwenplastik bezieht sich auf seinen Beinamen, ist also kein Familiensymbol des Geschlechts der Welfen. Das um 1166 vor seiner Burg Dankwarderode in Braunschweig aufgestellte Kunstwerk gilt als älteste mittelalterliche Großplastik nördlich der Alpen. Der Bronzehohlguss wiegt 880 Kilogramm. Während des Zweiten Weltkrieges war das Original im Bergwerk Rammelsberg bei Goslar versteckt. Die Kopien vor der Kaiserpfalz wurden im späten 19. Jahrhundert geschaffen.

»Oberes Wasserloch« mit
Martinikapelle

11 | Martinikapelle

Jenseits der Straße Liebfrauenberg findet man das
»obere Wasserloch«, wo die Stadtmauer das Flüsschen
Gose bzw. Abzucht überquert, früher ein neuralgischer
Punkt der Verteidigungsanlagen. Rechts davon liegt die
ehemalige Martinikapelle aus dem 11. Jahrhundert. Es
handelt sich um eine einschiffige Kapelle mit eingezo-
genem Chor, den eine halbrunde Apsis abschließt. Zu
Beginn des 17. Jahrhunderts wurde die Martinikapelle zu
einem Wohnhaus umgebaut, ab 1693 ist die Nutzung als
Armenasyl belegt. Relikte des ehemaligen Portals sind
trotz Umbauten noch zu erkennen. Deutlich zu sehen
ist bis heute der abgeschrägte Turm der Kapelle, der zur
Verteidigung des Wasserlochs diente. Ein zweiter Befes-
tigungsturm links vom Wasserlauf ist nicht erhalten.

12 | Klauskapelle

Über die Neue Straße und die Straße an der Gose kommt
man zur Klauskapelle in der Bergstraße. Die kleine Kapelle wurde im 12. Jahrhundert als Torkapelle errichtet
und 1537 zur Bergmannskapelle umfunktioniert. Da sie

einst in die Stadtbefestigung am gleichnamigen Tor einbezogen war, weist sie an der Südwand keine Fenster auf.
Das Klaustor wurde bis ins 18. Jahrhundert hinein mit
Anbruch der Dämmerung geschlossen. Für die Bergleute, die schon damals im Rammelsberg im Schichtbetrieb
arbeiteten, war dieser Toresschluss eine zusätzliche Be-
lastung zur ohnehin schweren Arbeit.

Das spitzbogige Portal ist eine Ergänzung aus dem
13. Jahrhundert. Die Balkendecke des Saales zeigt die
gotische Ausmalung aus der ersten Hälfte des 16. Jahrhunderts. Erhalten hat sich auch ein romanischer Altar.

Das Gebäude gegenüber der Kapelle mit den gelb-
schwarzen Fensterläden ist die frühere Bergschmiede.
Interessant sind die Abknickung des Erdgeschosses und
das besonders weit auskragende, von Streben gehaltene
Obergeschoss.

13 | Kleines Heiliges Kreuz

Der gesamte Straßenzug Peterstraße im früheren Wohn-
viertel der Bergleute ist von alten Fachwerkhäusern
gesäumt, von denen viele die Fähigkeit dieser Bauwei-
se, Geländeverwerfungen auszuhalten, auf drastische

Bergschmiede

21

Hermann Menge

1841–1938, Altphilologe und Pädagoge. Menge wurde in Seesen nahe Goslar geboren. Nach dem Studium in Göttingen war er bis zu seiner vorzeitigen Pensionierung 1900 im Schuldienst tätig, zuletzt in Wittstock. Während des langen Ruhestandes widmete sich der promovierte Philologe einer Übersetzung der Bibel in modernes Deutsch. 1909 erschien das Neue Testament, 1926 die nach ihm benannte Menge-Bibel. Zu seinem Werk gehören darüber hinaus diverse Lehr- und Wörterbücher alter Sprachen. Menge verstarb hochbetagt in Goslar.

Frankenberger Plan mit Kleinem Heiligen Kreuz

Weise dokumentieren. Besonders romantisch wirkt das sogenannte Hirtenhaus am kleinen Platz, wo die Ziegenstraße einmündet.

Über die Straße Am Beek gelangt man zum Frankenberger Plan, einem kleinen dreieckigen Platz. In seinem Zentrum steht ein Brunnen aus bemaltem Metallguss, der 1951 unter Verwendung einer alten Brunnenschale aufgestellt wurde. Auf seiner Spitze steht ein barock anmutender Knabe, entworfen von Professor Fürstenberg.

Das asymmetrische Fachwerkhaus auf der linken Seite hinter dem Brunnen ist das ehemalige Hospital Kleines Heiliges Kreuz. Es wurde 1394 gestiftet. An der Fassade sieht man die Wappen der Stadt Goslar und der Stifterfamilien Schütze und Tunzel. Bis 1983 erfüllte das Kleine Heilige Kreuz Aufgaben der Armen- und Krankenpflege. Heute ist es das Frankenberger Gemeindezentrum.

Das rechts daneben stehende Küsterhaus wurde 1504 erbaut. Der linke Tordurchgang führt zum Gelände der Frankenberger Kirche. Durch das weiter rechts gelegene spätgotische Portal, 1510 ursprünglich für ein Gebäude in der Bergstraße errichtet, gelangt man zum früheren, 1234 gegründeten »Konvent der büßenden Schwestern der Heiligen Maria Magdalena«. Das Gebäude dient heute als christliches Altersheim.

14 | Frankenberger Kirche

Ostern–Mitte Okt.: Mo–Sa 15–18 Uhr,
So nach dem Gottesdienst bis 18 Uhr

Die den Aposteln Peter und Paul geweihte Kirche war einst mit dem Westwerk direkt in die Stadtbefestigung einbezogen. Durch die erhöhte Lage ist sie weithin sichtbar. Seit 1108 gibt es urkundliche Belege des Pfarrbezirkes. Der romanische Ursprung der Frankenberger Kirche ist trotz vieler Umbauten immer noch erkennbar. In alten Stadtansichten sieht man, dass die Kirche früher zwei rechteckige Türme hatte. Wegen Baufälligkeit wurden sie 1783 abgetragen und drei Jahre später durch die barocke Laterne mit geschwungener Haube ersetzt.

Die dreischiffige Basilika wurde erst um 1230 mit einem schlichten Kreuzgratgewölbe eingewölbt, lediglich das südliche Querschiff hat ein später errichtetes Kreuzrippengewölbe. Im Langhaus überspannt ein Gewölbejoch je zwei Seitenschiffjoche, was als gebundenes System bezeichnet wird. Ein besonderes Detail des Innenraumes ist die romanische Empore im Westen des Langhauses mit zwei Säulen und Wandmalerei. Sie wurde um 1160 erbaut. In den Wandflächen der Obergaden

William Wordsworth
1770–1850, englischer Dichter. Wordsworth gilt als führender Vertreter der englischen literarischen Romantik. 1791 absolvierte er die Universität Cambridge. Enttäuscht von der Französischen Revolution, wandte sich Wordsworth politisch dem Konservatismus zu. 1798 reiste er gemeinsam mit seiner Schwester Dorothy und dem Dichterkollegen Samuel Taylor Coleridge nach Deutschland, den folgenden Winter verbrachte er in Goslar. Hier begann er mit dem Schreiben des großen autobiografischen Gedichtes »The Prelude«, das als sein frühes Meisterwerk gilt, doch erst nach seinem Tode veröffentlicht wurde.

Oben: Orgel der Frankenberger Kirche
Rechts: Schreiberstraße

über den schachbrettartig gerasterten Friesen hat sich Wandmalerei aus der Zeit um 1230 erhalten, die 1877 wiederentdeckt und freigelegt wurde. Sie zeigt Szenen des Alten Testaments. Die Hauptapsis des Chores wurde um 1500 umgebaut und erhielt zu dieser Zeit die gotischen Maßwerkfenster. Der Hochaltar mit der Kreuzigungsgruppe wurde 1675 von der Bildschnitzerfamilie Lessen geschaffen. 1698 entstand die Kanzel in der gleichen Werkstatt, 1700 folgte die barocke Bergmannsempore mit den Fruchtgehängen. Eine zweite, ebenerdige Kanzel stammt aus dem 16. Jahrhundert, das freihängende Triumphkreuz aus dem 15. Jahrhundert.

15 | Frankenberger Straße und Schreiberstraße

In diesem Bereich der Altstadt haben sich mehrere mittelalterliche Gebäude erhalten, die zwar nicht so eindrucksvoll wie manche der großen und reich verzierten Fachwerkhäuser erscheinen, aber trotzdem interessant sind, da sie sogenannte Kemenaten haben. Der Begriff stammt eigentlich aus dem Burgenbau. Es handelt sich um aus Stein gemauerte Teile des Hauses, die beheizbar waren. Das Wort Kamin ist mit Kemenate verwandt.

In der Frankenberger Straße 11 ist eines der schönsten dieser gemauerten Häuser zu sehen. Auffällig sind die unterschiedlich geformten Fenster im linken Teil, die verschiedene Bauphasen dokumentieren. Besonders sehenswert ist das spätgotische Vorhangbogenfenster. Der rechte Bereich mit dem Fachwerk und dem großen Tor wurde erst in der Barockzeit angebaut. Gegenüber, an der Ecke zur Forststraße, steht ein im 14. Jahrhundert erbautes Gebäude. Im früheren Wohnteil auf der linken Seite sind neben dem gotischen Portal mit Spitzbogen in beiden Etagen Fenster mit sogenannten Kleeblattbögen zu sehen.

Am Ausgang der Frankenberger Straße erblickt man in Richtung Stadtzentrum ein interessantes Gebäudeensemble, das einst eine kleine Kapelle war. Die Aegidienkapelle wurde 1181 erstmals erwähnt. Nach der Reformation diente sie als Pfarrhaus, brannte aber 1587 aus. In der Folge wurden in die erhaltenen Mauern Wohnhäuser eingebaut.

Heinrich Heine
1797–1856, Dichter. Der berühmte Schriftsteller, der sich vom Romantiker zum politischen Satiriker entwickelte und mit »Deutschland – ein Wintermärchen« sein Hauptwerk schuf, bereiste 1824 die Harzregion, was seinen Niederschlag in dem Buch »Die Harzreise« fand. Dabei weilte Heine auch in Goslar und schrieb nicht gerade freundlich: »Ich fand ein Nest mit meistens schmalen, labyrinthisch krummen Straßen, allwo mittendurch ein kleines Wasser, wahrscheinlich die Gose, fließt, verfallen und dumpfig, und ein Pflaster, so holprig wie Berliner Hexameter.«

24

Werner von Siemens
1816–1892, Erfinder und Unternehmer. Noch während seiner Laufbahn als Offizier im preußischen Heer beschäftigte sich Siemens mit Elektrotechnik, besonders mit der Galvanisierung. 1847 gründete er gemeinsam mit dem Mechaniker Johann Georg Halske in Berlin eine kleine Firma. Diese Werkstatt für Telegrafenbau entwickelte sich schnell zu einem Unternehmen von Weltgeltung. Siemens engagierte sich auch politisch, war Mitbegründer der liberalen Deutschen Fortschrittspartei und im Preußischen Abgeordnetenhaus vertreten. 1888 wurde Siemens in den Adelsstand erhoben.

Auch in der Schreiberstraße findet man mehrere Kemenaten. Bei dem Gebäude Nr. 10 liegt sie auf der rechten Seite mit den großen, spätgotisch gestalteten Fenstern, von denen eines auf 1518 datiert ist. Links davon befand sich ursprünglich die hohe Diele, deren nachträgliche Unterteilung in zwei Geschosse noch äußerlich ablesbar ist. Die Diele besaß eine Zufahrt durch das spitzbogige hohe Tor. Darüber erhebt sich das in Fachwerk ausgeführte Speichergeschoss. In dem Gebäude wohnte der Bürgermeister Carsten Balder.

Auf der anderen Straßenseite sieht man zwei weitere Gebäude mit Kemenaten. Die Fensterformen mit den eingestellten kleinen Säulen deuten auf eine Erbauungszeit im stilistischen Übergang von der Romanik zur Gotik hin. Bei diesen beiden Häusern sind die steinernen, beheizbaren Bereiche besonders groß. Außerdem sind beide frühe Beispiele für die sogenannte Giebeldrehung. Die ursprüngliche Stellung der Hausgiebel zur Straße wurde später abgewandelt, da das zu den Verbindungsmauern hin abfließende Regenwasser diese schädigte.

16 | Siemenshaus

Besichtigung auf Anfrage Tel. 05321 78 06 20

Wo die Schreiberstraße in die Bergstraße einmündet, steht das Siemenshaus. Es ist das größte erhaltene Bürgerhaus der Stadt aus dem 17. Jahrhundert. Die Ausfachung mit Ziegeln ist typisch für Norddeutschland. Die Familie Siemens, aus der Werner von Siemens, Begründer des heutigen Weltkonzerns, hervorging, ist in Goslar seit 600 Jahren nachweisbar. Sie brachte vier Bürgermeister und zahlreiche Ratsherren hervor. 1692/93 ließ sich Hans Siemens, Kaufmann und Stadthauptmann, das große Gebäude als Familiensitz errichten. Sein den mittelalterlichen Mönchsorden entlehnter Leitspruch ist über der Tür zu lesen: »Ora et labora« (bete und arbeite).

In der gepflasterten Däle, der Eingangshalle, hat sich die Einrichtung eines bis 1906 betriebenen Krämerladens aus dem 18. Jahrhundert erhalten. Weiterhin ist ein komplettes Brauhaus für das ortstypische Gosebier vorhanden. Das Bierbrauen gehörte zu den Privilegien der angesehenen Familien. Neben Gerätschaften und einem Teilstück der hölzernen Wasserleitung ist der gemauerte Braukessel zu sehen. Ab 1778 nicht mehr in Familienbesitz, wurde das Gebäude 1916 aus Anlass des 100. Geburtstages Werner von Siemens als Stammhaus zurückerworben. Auch das Familienarchiv wurde hier untergebracht, es befindet sich im Obergeschoss. Bei der Sanierung 1954 wurde der barocke Zustand des Gebäudekomplexes rekonstruiert.

An der gegenüberliegenden Ecke sieht man das Hotel »Zur Börse« (Bergstraße 53). Sein Fachwerk wird durch ganze und halbierte Rosetten verziert. Wie die Inschrift über der Tür im sogenannten Eselsrückensturz verrät, wurde es 1573 von Magnus Karsten errichtet. Er war Bronzegießer und schuf das Taufbecken der Marktkirche. Bemerkenswert ist auch die volle geschnitzte Rosette über der Tür.

An der Straßengabelung mit der Straße Worthsatenwinkel erblickt man das mächtige Haus Bergstraße 60. Bei ihm fällt die Ladeluke im zweiten Obergeschoss auf, über die Waren eingelagert wurden. Das Gebäude hat, wie auch das Siemenshaus und viele andere, einen »Goslarer Giebel«, bei dem das leicht abgewalmte Schieferdach sanft in die Giebelfläche übergeht.

Gosebier

Die nach dem Fluss Gose, dem auch Goslar den Namen verdankt, benannte Biersorte hat sich von hier ausgebreitet. Es soll schon um 1000 gebraut worden sein, nachweisbar ist es ab 1332. Gosebier gehört zu den obergärigen, mit Hefe gebrauten Sorten und hat einen milden Geschmack. Wegen bestimmter Zusätze wie Salz oder Koriander entspricht es nicht dem Deutschen Reinheitsgebot. Die Leipziger Gose ist im Gegensatz zur Goslarer Gose leicht säuerlich im Geschmack, da sie mit Milchsäurebakterien vergoren ist.

17 | Mönchehaus Museum Goslar

Di – So 11–17 Uhr

Henry Moore
1898–1986, Künstler. Der aus einfachen Verhältnissen stammende Moore studierte ab 1919 an der neu gegründeten Kunstschule in Leeds, später in London. Moores internationaler Durchbruch gelang nach dem Zweiten Weltkrieg. 1948 erhielt er den Skulpturenpreis der Biennale Venedig. Berühmt wurde Moore mit seinen teils sehr großen Figuren in abstrahierten, organischen Formen. Vier Mal nahm er an der documenta in Kassel teil.

An der Ecke von Jakob- und Mönchstraße erhebt sich das 1528 errichtete Mönchehaus. Das hohe Untergeschoss war die sogenannte Däle. Von dieser Diele aus werden die oberen Räume über ein Zwischengeschoss erschlossen. Erhalten hat sich das Apostelzimmer mit der Ausstattung von 1561. Die Grisaillemalereien mit christlichen Motiven wurden von Daniel Poppe angefertigt. Die Obergeschosse des Hauses mit dem typischen Goslarer Giebel kragen aus. Der Torrahmen ist mit kleinteiliger Schnitzerei verziert, die Tiere und Putten zeigt. Das Gebälk darüber zeigt einen Mann und eine Frau mit Kind als Relief. Das Obergeschoss (mit Ladeluke) des Ackerbürgerhauses diente zur Einlagerung von Korn.

Das Mönchehaus Museum für Moderne Kunst ist der Initiative eines 1974 gegründeten Vereins zu verdanken, der das Museum seit 1978 betreibt. Zudem wird seit 1975 der Kaiserring als jährliche Auszeichnung der Stadt Goslar an international renommierte Künstler vergeben, der sich zu einem weltweit anerkannten Kunstpreis entwickelte. Schon mit dem ersten Preisträger Henry Moore wurde der Maßstab definiert. Zu den weiteren Geehrten gehören Joseph Beuys, Christo, Gerhard Richter, Andreas Gursky, Olafur Eliasson oder Wolfgang Tillmans. 2021 erhielt ihn die US-amerikanische Konzeptkünstlerin Adrian Piper, 2022 der britische Künstler und Filmemacher Isaac Julien. Ergänzend verleiht der Trägerverein ein Kaiserring-Stipendium für Nachwuchskünstler.

Die Sammlung des Museums ist hochkarätig. Selbstverständlich bilden Werke von Trägern des Kaiserringes die Grundlage. Ein ganz besonderes Erlebnis ist der von Anselm Kiefer gestaltete Keller, der lokalspezifisch die Johannis-Nacht thematisiert. Auch im Garten sind mehrere Skulpturen und Installationen zu sehen. Zum Ensemble des Museums gehört das Don Quijote-Haus, ein Fachwerkbau aus dem 17. Jahrhundert, in dem Werke aus dem Museumsbestand zu besichtigen sind. Im Garten des Museums steht ein Förderwagen, in dem sich Erz aus der letzten Rammelsberg-Förderung von 1988 befindet – von dem Verhüllungs-Künstler Christo als »Package on a hunt« mit Stoff umhüllt und zu einem Paket verschnürt.

Sehenswert ist auch das Schlanbuschsche Haus von 1612 an der Ecke zur Kreuzgasse mit seinen Schnitzereien und Inschriften. Der Bauherr war Münzmeister des welfischen Herzogtums Braunschweig-Wolfenbüttel.

Museumsdäle mit »Lava kaleidoscope« von Olafur Eliasson (2013)

Nikolaus von Amsdorf
1483–1565, Theologe.
Nach Besuch der Thomas-
schule in Leipzig und der
dortigen Universität wur-
de Nikolaus von Amsdorf
Dozent in Wittenberg. Ab
1516 wurde er zu einem
Mitstreiter Luthers und
begleitete diesen u. a. zum
Reichstag in Worms 1521.
Ab 1524 war von Amsdorf
in Magdeburg Superinten-
dent. Der Rat von Goslar
holte ihn 1528 in die Stadt,
um die Einführung der
Reformation zu unterstüt-
zen. Er gründete hier eine
Lateinschule und verfasste
1531 eine evangelische
Kirchenordnung. 1542
wurde Nikolaus von
Amsdorf in Naumburg der
erste evangelische Bischof
Deutschlands. Er starb in
Eisenach.

Mit der ersten urkundlichen Erwähnung 1073 ist die Ja-
kobikirche das älteste noch genutzte Gotteshaus der
Stadt und heute die einzige katholische Kirche in der
Goslarer Innenstadt. Einige Teile der ursprünglichen
Pfeilerbasilika mit flacher Decke sind im Westwerk und
im Inneren der Kirche erhalten. Diesem ersten Bau aus
dem 11. Jahrhundert wurde im 12. Jahrhundert das kräf-
tige, massiv wirkende Westwerk mit einer Empore im
Inneren angefügt. Die geplanten achteckigen Türme
wurden nicht realisiert. Erst im 16. Jahrhundert errichtete man die beiden Rundtürme, die Glockenstube da-
zwischen folgte noch später. Der Raum wurde Mitte des
13. Jahrhunderts mit Kreuzrippengewölben überspannt.
In dieser Epoche wurde auch der Chor durch einen grö-
ßeren ersetzt. 1491–1506 erfolgte eine Vergrößerung des
Langhauses, indem man um die romanische Basilika
neue Außenmauern mit gotischen Fenstern und Stre-
bepfeilern errichtete; die alten Mauern wurden erst 1512
abgerissen. Die Seitenschiffe sind dadurch breiter als das
Hauptschiff, durch die gleichen Bauhöhen entstand der
Typus einer Hallenkirche. Das Querschiff ist außen durch
das vereinheitlichende Walmdach von 1744 nicht mehr
als solches erkennbar. 1516 baute man die südliche Por-
talvorhalle an.

St. Jakobi war ein Ausgangspunkt der Reformation in
Goslar. Bereits 1526 hatte sich eine Mehrheit im Rat gegen den scharfen Widerstand der kaisertreuen katho-
lischen Fraktion für die neue Lehre ausgesprochen. Zur
Durchsetzung des Beschlusses wurde der Magdeburger
Bischof Nikolaus von Amsdorf in die Stadt gerufen. Für
fast 300 Jahre besaßen die Katholiken kein eigenes Gotteshaus. Die neue Weihe von St. Jakobi als rekatholisierte
Kirche erfolgte 1803.

Im Inneren fällt vor allem der barocke Hochaltar im
Chor auf. In seiner üppigen und farbenfrohen Gestaltung
hebt er sich vom überwiegend in Weiß gehaltenen Raum
ab. Er wurde 1727 geschaffen und stammt wie auch andere Ausstattungsstücke aus dem 1807 aufgehobenen
Kloster Riechenberg. Die zentralen Gemälde zeigen die
triumphierende Maria sowie Christi Auferstehung. Wesentlich älter sind die seitlich im Chor angeordneten

Wandbilder von fünf Aposteln, die um 1270 entstanden. Die reich verzierte Kanzel von 1620 ist im Übergangsstil von Renaissance zu Barock gehalten. Auf das Jahr 1650 geht die Orgel mit den Gemälden musizierender Engel im Prospekt zurück. Eine um 1520 gefertigte Pietà aus Lindenholz des bedeutenden spätgotischen Bildhauers Hans Witten steht in der nördlichen Turmhalle.

Südlich der Kirche sieht man die Bronzeplastik eines sitzenden Mannes. Sie ist nach einem Zitat von Bertolt Brecht benannt: »... und man sieht nur die im Lichte«, hier verstanden als Aufruf zur sozialen Solidarität. Sie wurde 1998 von Walter Kaune, einem Goslarer Künstler, geschaffen. Ein weiteres Kunstwerk im Kirchhof ist das Objekt »Jongleur«, 1992 von Otmar Alt in Bronze gegossen.

19 | Neuwerkkirche

März–Okt.: Mo–Sa 10–12/14.30–16.30 Uhr,
So 14.30–16.30 Uhr

Vom Jakobikirchhof zweigt links die Rosentorstraße ab. Das grobschlächtig wirkende Karstadt-Gebäude in dieser Einkaufsmeile, 1978 eröffnet, mag man aus heutiger Sicht als Bausünde bezeichnen – damals wurde es als Bereicherung der Innenstadt angesehen. Den Treppenturm hat der Stuttgarter Künstler Otto Herbert Hajek mit abstrakt ornamentalen Betonelementen gestaltet.

Auf der linken Seite, Rosentorstraße 28, sieht man etwas eingerückt von der Straße ein für Goslar ungewöhnlich horizontal ausgerichtetes Fachwerkhaus, das zum Ensemble des Neuwerk-Stifts gehörte. In der überkommenen Form stammt es von 1719. Der über eine Freitreppe zu erreichende Eingang ist aus der Symmetrieachse gerückt, darüber ist eine dekorativ gefasste Inschrift angebracht. Vor dem Eingang zum Gelände der Neuwerkkirche, dort, wo man Reste des Rosentores erkennt, steht ein dralles Paar aus Bronze des kolumbianischen Bildhauers Fernando Botero.

Die Neuwerkkirche gehörte einst zu einem Benediktinerinnenkloster, das 1186 auf vom Reichsvogt gestiftetem Land gegründet wurde. Es lag damals vor den Mauern der Stadt und wurde »villa romana« genannt. Die erste Äbtis-

Skulpturen von
Fernando Botero

sin Antonia war aus dem thüringischen Kloster Ichtershausen gekommen. Der ursprüngliche Name »St. Maria in horto« (Maria im Garten) für das neue Kloster wurde schon bald durch »Neuwerk« (novum opus) ersetzt. Das Kloster wurde 1667, also erst anderthalb Jahrhunderte nach Einführung der Reformation, in ein evangelisches Damenstift umgewandelt, das bis 1969 existierte.

Der Bau der erhaltenen Kirche zog sich das erste Drittel des 13. Jahrhunderts hin. In ihrer stilistisch einheitlichen Erscheinung ist es die bedeutendste romanische Kirche von Goslar. Das Bauwerk thront auf einem stark profilierten Sockel. Die weiß verputzten Mauerflächen werden durch grau abgesetzte architektonische Elemente wie Lisenen und Gesimse untergliedert. Wuchtig erhebt sich das Westwerk mit den zwei daraus hervorgehenden achteckigen und spitz behelmten Türmen. Das Langhaus der dreischiffigen Basilika und das Querschiff sowie die daran anschließenden halbrunden Nebenapsiden sind recht schlicht gehalten. Davon hebt sich die reicher gestaltete Hauptapsis im Osten ab. Während die untere Zone durch Halbsäulen und einen Rundbogenfries gegliedert wird, sind im oberen Bereich zwischen die abwechselnden Rundbogen- und Rundfenster aufwändig und differenziert verzierte Säulen gestellt, die eine Arkade tragen.

Man betritt die Kirche heute von Süden; das bei Gottesdiensten und Konzerten geöffnete Hauptportal befindet sich an der Nordseite. Der Innenraum, dessen spitzbogige Kreuzrippengewölbe schon auf den Übergang zur Gotik verweisen, beeindruckt durch seine Klarheit. Die in rot und blau gefassten Wulstrippen und Dienste kontrastieren mit dem Weiß der Wandflächen. Einzigartig sind die »Ösen«, die vier Dienste in Höhe des Gesimses über den seitlichen Arkadenbögen bilden. An einer hängt ein steinerner Kranz, an einer weiteren eine den eigenen Schwanz verschlingende Schlange. Auch dämonische Köpfe erkennt man.

Der Mittelteil des ehemaligen Lettners, der zu Zeiten des Klosters den Chor, welcher den Nonnen und Klerikern vorbehalten war, vom Langschiff abtrennte, dient heute als Orgelempore im Westen. Das Triumphkreuz, das die Grenze der Raumteile markiert, ist eine Arbeit aus dem frühen 16. Jahrhundert. Wände und Gewölbe des Chores wurden im frühen 13. Jahrhundert im byzan-

Oben: »Öse« am Pfeiler
Links: Chor der Neuwerkkirche

tinischen Stil ausgemalt. In der Kuppel der Apsis ist die Gottesmutter mit dem Jesuskind auf dem Schoß mit segnender Handhaltung dargestellt.

Das frühere Klostergelände ist heute ein Park. Ein Teil davon wurde als Romanischer Garten mit Kräutern und seltenen Gewächsen gestaltet (Apr.–Okt. 10–12/14.30–16.30 Uhr, Sa 10–12 Uhr).

20 | Mauerstraße

Gegenüber des Neuwerk-Komplexes steht ein Hotel, in dessen Bau der Rest des alten Bollwerkturmes von 1508 einbezogen wurde. Hier zweigt die Mauerstraße ab, die sich entlang der noch in Teilen vorhandenen Stadtbefestigung nördlich der Innenstadt zieht. Erhalten haben sich Teufels- und Weberturm, die heute beide für Wohnzwecke genutzt werden. Angeblich wurde der Graf Siegfried von Blankenburg, der 1280 des Viehdiebstahls beschuldigt wurde, festgesetzt und gezwungen, als Sühne einen Wehrturm zu bauen. Weil er nur einen halben Turm gebaut hat, musste er vor seiner Freilassung noch einen zweiten bauen. Aus Trotz hat er dann »in des Teufels Namen« wieder nur einen halben errichtet.

Weberturm

21 | Breites Tor

Die Mauerstraße endet am Breiten Tor, dem bedeutendsten Relikt der einstigen Stadtbefestigung. Es stellte den östlichen Zugang zur Innenstadt dar, die im 12. und 13. Jahrhundert in diese Richtung erweitert worden war. Zu dieser Zeit entstand auch die Stadtmauer mit all ihren Türmen und Toren, die erstmals 1181 urkundlich erwähnt wurde. Die Mauer war rund zehn Meter hoch und 1,5 Meter breit und besaß vorgelagerte Gräben.

Das Breite Tor erhielt im 15. Jahrhundert seine heutige Gestalt. Dem eigentlichen Torturm waren zwei Flankentürme vorgelagert, von denen einer noch existiert. Schon außerhalb der Mauerringe thront der runde Rieslingturm, dessen schießschartenartige schmale Öffnungen die Verteidigungsfunktion betonen. Die besonders starke Befestigung Goslars gen Osten hängt wohl damit zusammen, dass der Herzog von Braunschweig-Wolfenbüttel zu dieser Zeit Hauptfeind der Stadt war. Ein interessantes Detail des rechteckigen Torturmes ist das steinerne Relief eines sitzenden Kaisers mit den Reichsinsignien und einem darunter angeordneten Adlerwappen. Der neben dem Tor befindliche Werderhof war einst eine Kaserne.

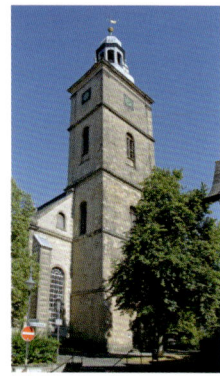

22 | Stephanikirche

Dem östlichen Teil der Innenstadt sieht man an, dass er nicht so alt ist wie andere Bereiche. Über die Breite Straße kommt man zu einem kleinen Platz mit der Stephanikirche. Sie ist in der überlieferten Gestalt wesentlich jünger als die anderen innerstädtischen Kirchen. Allerdings stand an der gleichen Stelle bereits eine romanische Basilika, die 1728 bei einem Feuer in der Unterstadt zusammen mit vielen Wohnhäusern der Umgebung abbrannte. Der barocke Neubau, zum Teil aus Spenden finanziert, entstand 1729–1734 nach Plänen von Johann Daniel Köppel. Die drei Schiffe sind im Sinne einer Hallenkirche gleich hoch ausgeführt. Der rechteckige Turm trägt eine hohe Laterne mit geschweifter Haube. Zu den wichtigsten Ausstattungsobjekten gehört der Hochaltar mit einer hinzugefügten Predella aus dem frühen 17. Jahrhundert.

Adolf Grimme
1889–1963, Kulturpolitiker. Der aus Goslar stammende Grimme studierte in Halle, München und Göttingen Philosophie und Germanistik. Im Staatsdienst stieg er danach bis zum Kultusminister in der preußischen Regierung auf. Im März 1933 wurde Grimme entlassen. Wegen aktiven Widerstandes gegen das NS-Regime kam er ins Zuchthaus. Nach 1945 hatte er zunächst wieder Funktionen in der staatlichen Verwaltung inne, ab 1948 war er Generaldirektor des Nordwestdeutschen Rundfunks. Nach ihm ist der jährlich vergebene Preis für hervorragende journalistische Leistungen im Fernsehen benannt.

23 | Annenkapelle

Sa 11.30–13 Uhr oder bei geöffneter Pforte

Von der Stephanikirche kommt man über die Obere Kirchstraße und ihre Verlängerung, die Schielenstraße, zur Glockengießerstraße. Zur Linken befindet sich die Annenkapelle. Die Kapelle in Fachwerkbauweise ist ein weiteres Beispiel dafür, wie diese Holzkonstruktionen »arbeiten« und Verwerfungen flexibel ausgleichen. Die kleine Kapelle gehörte einst zu einem Spital. Gegründet wurde es 1488 durch den Bürger Henninghus Bornemhusen zur Armenfürsorge. Bis in die zweite Hälfte des 20. Jahrhunderts diente es diesem Zweck. Die Balkendecke des Innenraumes wurde auf volkstümliche Weise ausgemalt. Der anschließende Chor ist aus Stein gemauert. Der Altar von 1713 stammt von dem Bildschnitzer Heinrich Lessen. Die Sitzreihen sind als sogenanntes Kastengestühl ausgeführt, d. h. allseitig umschlossen. Zu den erhaltenen Gebäuden des Stifts gehört auch das frühere Küchenhaus. Romanische Details wie ein von Säulchen unterteiltes Fenster lassen auf eine noch frühere Erbauungszeit schließen.

24 | Zwinger

Führung nach Anmeldung unter Tel. 05321 43 140

Südöstlich der Glockengießerstraße erstreckt sich auf dem Gelände der früheren Befestigungsanlagen ein ruhiger Park mit mehreren Wasserflächen. In den Judenteichen steht das den Lebenszyklus symbolisierende Kunstobjekt »Brücke« des israelischen Künstlers Dani Karavan, des Kaiserring-Preisträgers von 1996. Im südlichen Abschnitt jenseits der Kötherstraße erhebt sich der Zwinger. Er wurde 1517 aus Sandstein errichtet, da zu dieser Zeit die Stadtbefestigung wegen der Verbreitung der Feuerwaffen nochmals verstärkt wurde. Der Turm hat einen Durchmesser von 26 Metern und Wandstärken bis zu 6,5 Metern. Damit war er die wichtigste Bastion im Süden der Stadt. Unter dem Konsolenkranz kann man die Wappen Goslars und des Deutschen Reiches erkennen. Heute befinden sich in der oberen Etage drei außergewöhnliche Ferienwohnungen. Bei einer individuellen Führung werden die Stadt- und Turmgeschichte erläutert, außerdem erhält man Zugang zur Dachterrasse, von der man einen schönen Ausblick auf die Stadt und das bergige Umland genießen kann.

Albert Niemann
1834–1861, Chemiker. Der Sohn eines Lehrers wurde in Goslar geboren und studierte in Göttingen bei Friedrich Wöhler, dem Pionier der organischen Chemie, dessen Assistent er anschließend wurde. Aus Blättern des Kokastrauches, die durch die Novara-Expedition nach Göttingen gelangt waren, isolierte Niemann kristallines Kokain. Er gilt als Entdecker und Namensgeber dieses Rauschgiftes. Niemann starb jung, vermutlich wegen einer Senfgasvergiftung bei seiner Labortätigkeit. An seinem Elternhaus in Goslar, Schwiecheldtstraße 8, erinnert eine Tafel an den Chemiker.

25 | Glockengießerstraße

Der Name der Glockengießerstraße deutet auf das früher hier angesiedelte Gewerbe hin, das wegen der Brandgefahr an den Stadtrand verbannt wurde. Im nordöstlichen Verlauf der Straße, also jenseits der Annenkapelle, sieht man große Fragmente der Stadtmauer, Reste des Kegelworthturmes sowie den seit dem 17. Jahrhundert belegten Jüdischen Friedhof. Am Ende der Straße unterquerte die Abzucht die Stadtmauer, eine Stelle, die besonderer Sicherung bedurfte.

Außerdem kann man sich in der Glockengießerstraße erneut an einer Vielzahl interessanter Fachwerkbauten erfreuen. Das älteste ist der sogenannte Hagen (Nr. 87), eine 1510 errichtete Kurie des Domstiftes, deutlich älter ist die einbezogene steinerne Kemenate.

Eine Straße, die etwa auf halber Höhe von der Glockengießerstraße abzweigt, trägt den eigenartigen Namen Trollmönch. Ein historisches Gebäude an der Ecke weist dies auch als Bezeichnung einer zurzeit nicht genutzten Gaststätte aus. Trollmönche oder Lollarden hießen die Mitglieder einer im 14. Jahrhundert gegründeten Laienbruderschaft, die sich während der Pestepidemien selbstlos um Kranke und Verstorbene kümmerten.

Ortsansässige **Juden** sind in Goslar seit dem 13. Jahrhundert nachweisbar, im 14. Jahrhundert waren es etwa 100 Personen jüdischen Glaubens. 1610 wurde in der Piepmäkerstraße eine Synagoge errichtet, nach dem Stadtbrand von 1782 in der Bäckerstraße eine neue. Sie existiert nicht mehr, obwohl sie wegen der benachbarten Fachwerkhäuser in der Pogromnacht 1938 nicht in Brand gesteckt wurde. An die für die Deportation zusammengetriebenen Juden erinnert in der Glockengießerstraße am »Judenhaus« eine Gedenktafel. Am östlichen Ende der Straße gelangt man zum Jüdischen Friedhof (So–Fr 10–17 Uhr), belegt seit dem 17. Jahrhundert.

Der Weg entlang des Flüsschens Abzucht ist voller idyllischer Ecken. Zudem wurden inmitten des Flusses mehrere Kunstwerke aufgestellt. Wie in der gesamten Altstadt lohnt es sich, auch in abzweigende Straßen zu schauen. Überall findet man interessante Fachwerkhäuser, manche mit Ornamenten und Inschriften versehen.

Der Name Abzucht kling nicht sehr romantisch. Tatsächlich stammt die Bezeichnung daher, dass der Bach schon im Mittelalter Abwässer der Erzwaschanlagen am Rammelsberg aufnehmen musste und Wasserräder antrieb. Er war also mit Schwermetallen stark belastet. Die klaren Wässer der Gose, ebenfalls an den Hängen des Harzes entspringend, konnten zum Brauen des Gose-Bieres verwendet werden. Heute ist innerhalb der Stadt nur noch die Abzucht, in einem Graben kanalisiert, sichtbar. Im 19. Jahrhundert wurde der Zusammenfluss mit der Gose an den heutigen westlichen Stadtrand verlegt, nur Straßennamen erinnern noch an den früheren Verlauf des Flusses. Die Abzucht mündet wenige Kilometer östlich von Goslar in die Oker.

27 | Goslarer Museum

Di – So 10 – 17 Uhr

Moritz von Sachsen

1696–1750, Feldherr. Der in Goslar geborene Adlige wurde auch als »Márechal de Saxe« bekannt. Er war ein illegitimer Sohn des berühmten sächsischen Kurfürsten August des Starken und der Maria Aurora von Königsmarck. Auf verschiedenen Gebieten, auch dem der Musik, talentiert, erwarb er sich jedoch vor allem militärische Verdienste. Ab 1709 nahm Moritz an verschiedenen Schlachten teil, zunächst in sächsischen Diensten, ab 1720 im französischen Heer. Moritz war einer von nur sieben Generalmarschällen von Frankreich.

Im weiteren Verlauf des Flusses gelangt man zum stadtgeschichtlichen Museum. Auf dem Platz davor zeigt ein Stadtmodell aus Bronze die Goslarer Altstadt im aktuellen Zustand. Die Platzgestaltung ist vor wenigen Jahren im Zusammenhang mit einem neuen Funktionsgebäude entstanden, durch das man heute das Museum betritt. Der anschließende Altbau, 1514 als Stiftskurie errichtet, wird seit 1922 für die stadtgeschichtliche Ausstellung genutzt.

Zu den interessantesten Exponaten gehören die Ausstattungsobjekte des bis 1822 abgerissenen Domes, darunter eine aus sieben geschnitzten Figuren bestehende Kreuzigungsgruppe sowie farbige Glasfenster, Wandteppiche und ein Flügelaltar. Bemerkenswert ist der tischartige Krodoaltar aus dem 12. Jahrhundert, dessen Trägerfiguren die vier Paradiesströme symbolisieren. Besonders wertvoll ist auch das im 13. Jahrhundert für das Kloster Neuwerk entstandene Goslarer Evangeliar. In den Räumen, die sich der Stadtgeschichte widmen, erfährt der Besucher Wissenswertes über

Bergbau, Handel sowie das alltägliche Leben in der Stadt von den Anfängen bis in die jüngste Vergangenheit.

28 | Lohmühle

Zinnfigurenmuseum Di – So 10–17 Uhr

Unmittelbar neben dem Goslarer Museum befindet sich ein kleines, romantisch anmutendes Gebäude, die ehemalige Lohmühle. Die beiden unterschiedlichen Wasserräder am Graben sind noch intakt. Die erste urkundliche Erwähnung der Mühle stammt aus dem 16. Jahrhundert, aber bereits im 12. Jahrhundert war hier eine Mühlstelle. Der Name besagt, dass sie einst zur Zerkleinerung der für das Gerben von Fellen und Häuten nötigen pflanzlichen Produkte diente. Das eigentliche Gewerbe der Gerber wurde wie in anderen Städten wegen der starken Geruchsbelästigung außerhalb der Stadt am Unterlauf des Flusses angesiedelt. Heute befindet sich in dem Gebäude das Zinnfigurenmuseum. Mittels drei Zentimeter großer Figuren, inszeniert in Dioramen, wird die Geschichte der Stadt und der Region dargestellt.

29 | Rammelsberg

Apr.–Okt.: 9–18 Uhr, letzte Führung 16.30 Uhr;
Nov.–März: 9–17 Uhr, letzte Führung 15.30 Uhr

Sage von Ritter Ramm

Kaiser Otto I. weilte im 10. Jahrhundert häufig zu Jagdausflügen auf der Harzburg. Bei einer der winterlichen Jagden band sein Ritter namens Ramm das Pferd an einen Baum, um dem Wild zu Fuß nachzustellen. Als er zurückkehrte, hatte das wartende Pferd eine ergiebige Erzader freigescharrt. Der Kaiser belohnte den Ritter großzügig, ließ das Vorkommen aber selbst ausbeuten. Der Legende nach bezieht sich der Name des Bergwerkes Rammelsberg auf den sagenhaften Entdecker.

Die berühmten Bergwerksanlagen am Rammelsberg erläuft man von der Kreuzung Bergstraße / Peterstraße in etwa einer halben Stunde. Alternativ erreicht man sie mit dem Auto bzw. der Buslinie 803, die am Bahnhof abfährt und u. a. an der Kaiserpfalz hält.

Lange Zeit ging man vom Beginn des Bergbaus im Jahre 968 aus. Neuere Forschungen datieren den Beginn der Nutzung Rammelsberger Erze in die Bronzezeit (1000 v. Chr.). Reine Legende ist die angeblich namensgebende Geschichte des Ritters Ramm.

Die im Devon vor mehr als 350 Millionen Jahren entstandene Lagerstätte, im Karbon den Gebirgsfaltungen unterworfen, enthält verschiedene Erze, aus denen man Silber, Kupfer, Blei und Zink gewann, ab dem 18. Jahrhundert auch Gold. Die größte Rolle spielten dabei Kupfer und Blei. Bis ins späte 20. Jahrhundert hinein wurden rund 30 Millionen Tonnen Erz abgebaut. Dafür war bis in die zweite Hälfte des 19. Jahrhunderts die Methode des Feuersetzens gebräuchlich. Das Gestein wurde zunächst mit Feuer erhitzt und dann plötzlich mit Wasser abgekühlt. Dadurch lösten sich die Erzbrocken. Ein Nebenprodukt waren die Vitriolsalze, die in der chemischen Industrie verwendet wurden.

Der Bergbau verhalf der Bürgerstadt Goslar zu ihrer Bedeutung und war im 11. Jahrhundert ausschlaggebend für die Verlegung der kaiserlichen Pfalz vom weiter nördlich gelegenen Werla an den Harzrand. Das sogenannte Bergdorf, in dem die frühen Bergarbeiter wohnten, ist in der Stadt Goslar aufgegangen.

Die Geschichte des Goslarer Bergbaus verlief nicht kontinuierlich. Schon im Mittelalter gab es Krisen, um 1360 schien die Mine erschöpft zu sein. Wenig später, im Jahr 1376, kam es vermutlich zu einem schweren Unglück, bei dem laut Agricola rund 100 Bergleute starben. Die Goslarer Bürger nutzten die Situation, die Bergrechte von den damit belehnten Welfenherrschern und anderen bisherigen Nutznießern zu erwerben. Dank neuer Technologien, vor allem zur Entwässerung der Gruben, kam es in der Folge zu einem erneuten Aufschwung, der auch zu einer Blütezeit der Stadt führte. Im frühen 16. Jahrhundert bemühte sich Heinrich der Jüngere, welfischer Herzog von Braunschweig-Wolfenbüttel, die einträglichen Bergrechte wiederzuerlangen.

Die Kaue – die Umkleide der Bergleute

Maltermeisterturm

Der Kampf war langwierig, ging aber 1552 mit dem Riechenberger Vertrag zu seinen Gunsten aus. Bis das Gebiet 1866 zu Preußen kam, blieb der Bergbau in herzoglicher Hand.

Im 19. Jahrhundert waren die bis dahin bekannten Vorkommen tatsächlich erschöpft, doch 1859 wurde das »Neue Lager« entdeckt. So konnte der Goslarer Bergbau mit gesteigerten Fördermengen fortgesetzt werden. Das endgültige Aus kam nach mehr als 1000 Jahren am 30. Juni 1988. Gegen den Abbruch der oberirdischen Anlagen und die Verfüllung der Schächte wehrte sich eine Bürgerinitiative mit Erfolg.

Noch 1988 wurde der Antrag auf Aufnahme in die Liste des UNESCO-Weltkulturerbes – gemeinsam mit der Goslarer Altstadt – gestellt. 1992 erfolgte die Anerkennung, 1994 die Übergabe der offiziellen Urkunde. Seit 2010 gehört außerdem die Oberharzer Wasserwirtschaft, u. a. mit der Grube Samson in St. Andreasberg und dem Kloster Walkenried, mit zur Welterbestätte. Außerdem ist der Rammelsberg ein wichtiger Punkt auf der Europäischen Route der Industriekultur.

Die oberirdischen Bauten, die heute den Kern des Museums bilden, stammen zumeist aus dem 20. Jahrhundert. Die Kraftzentrale wurde 1906 mit Anklängen an die Neoromanik errichtet. Die beeindruckende Erzaufbereitungsanlage, die sich terrassenartig den Hang hinaufzieht, entstand 1936/37. Das NS-Regime stufte das Goslarer Bergwerk als kriegswichtig ein und trieb seinen Ausbau voran. Architekten der Neubauten waren Fritz Schupp und Martin Kremmer, die ebenso die berühmte Zeche Zollverein in Essen entwarfen.

Im Museum kann man einen Teil der erhaltenen technischen Anlagen besichtigen, vor allem in der Kraftzentrale und in der Erzaufbereitungsanlage. Kombiniert werden die Maschinen mit der Ausstellung verschiedenartiger Mineralstufen, die in der Grube gefunden wurden. Rund 100 verschiedene Mineralien konnten im Bergwerk Rammelsberg nachgewiesen werden.

In einem weiteren Gebäude, dem früheren Magazin, ist eine kulturhistorische Ausstellung zu sehen, welche die Auswirkungen des Bergbaus auf den Alltag der Menschen darstellt. Hinzu kommen Wechselausstellungen in anderen Lokalitäten des Komplexes.

Es werden mehrere differenzierte und teilweise thematisch orientierte Führungen angeboten. Im mehr als 200 Jahre alten Roeder-Stollen kann man sogenannte Kunsträder sehen, die der Entwässerung dienten. Wesentlich älter ist der Rathstiefste Stollen. Neueste archäologische Funde deuten auf einen Ursprung im 9. oder 10. Jahrhundert. Faszinierend ist hier die Welt der farbigen Vitriolsalze. Mit dem Schrägaufzug, der 1936 für den Materialtransport für die Erzaufbereitungsanlage in Betrieb genommen wurde, kann man einhundert Meter den Berg hinauffahren und einen einzigartigen Ausblick auf die Übertageanlagen des ehemaligen Bergwerkes genießen.

Zu den Bergwerksanlagen gehören über Tage noch historische Halden sowie der 1561 angelegte Herzberger Teich, welcher einst dem Antrieb der Wasserräder im Bergwerk diente. In der Nähe des Besucherbergwerkes steht der Maltermeisterturm. Der Name bezieht sich auf ein altes Holzmaß. Der Maltermeister war für die Zuteilung von Ausbauholz für die Schachtanlagen zuständig. Pro geförderter Tonne Erz benötigte man etwa einen Kubikmeter Holz. Der Turm wurde 1548 erstmals erwähnt, ist aber älter. Seit 2004 befindet sich in dem sanierten Bauwerk eine Gaststätte. Außerdem hat man von hier die schönste Sicht auf Goslar und in die Umgebung.

Walpurgismarkt
In Goslar findet jährlich zur Wende vom April zum Mai der traditionelle Walpurgismarkt statt. Der Name bezieht sich auf die Walpurgisnacht am 30. April, in welcher sich der Sage nach Hexen auf dem auch Blocksberg genannten Brocken, dem höchsten Berg des Harzes, versammeln sollen. Die bekannteste künstlerische Interpretation dieses Ereignisses findet sich in Goethes »Faust«-Drama.

Förderschacht

Goslar an einem Tag. Ein Stadtrundgang
Herausgegeben von Mark Lehmstedt

Text: Jens Kassner
Lektorat: Kristina Schulze/Lehmstedt Verlag
Karte: OpenStreetMap-Mitwirkende, geodressing.de
Fotos: Jens Kassner, außer: Raymond Faure (S. 1, 4, 5, 12, 21, 31, 33, 35), Dirk Renckhoff/Alamy Stock Photo (S. 11), Stadt Goslar/Fachdienst Kultur (S. 17), Stefan Sobotta (S. 20), Mönchehaus Museum/Sascha Engel (S. 29), Jörg-Heiko Mevers (S. 39), Kim Hansen/CC BY-SA 4.0 (S.45), Georg Hoff (S. 47), Verlagsarchiv
Gestaltung: Mareike Bardenhagen/Lehmstedt Verlag
Druck: druckhaus köthen GmbH & Co. KG, Köthen (Anhalt)

Umschlag:

1: Blick von der Kaiserpfalz zur Marktkirche
2: Fachwerkhaus am Fleischscharren
3: Stadtansicht von Matthäus Merian, 1640
4: Marktplatz, um 1850
5: Marktkirche
6: Stadtsiegel von 1240

© Lehmstedt Verlag, Leipzig
4. aktualisierte Auflage, 2023
ISBN 978-3-942473-58-3